de la A a la Z
Chile

Manuel Peña Muñoz
Ilustrado por Soledad Sebastián

de la A a la Z
Chile

Manuel Peña Muñoz
Ilustrado por Soledad Sebastián

everest

A DE ARAUCARIA

En monte y en cordillera
la araucaria florece.
En invierno y primavera
el viento norte la mece.

Meliñir trepa a la copa
a recoger el piñón.
Su madre espesa la sopa.
La tomará en el fogón.

Su padre mira las ramas
de tres mil años o más.
Su padre es lonco en el bosque.
Meliñir, un niño, nomás.

La *Araucaria araucana* es un árbol de gran altura que crece en la cordillera de los Andes y llega a vivir hasta tres mil años. Se la conoce también con el nombre de pehuén.
   Los pehuenches se alimentan del fruto de la araucaria con el que preparan harina para los diversos alimentos. El lonco es el jefe de una tribu de mapuches.

B DE BÍO BÍO

Baja por el valle,
es inmenso río,
viene por el bosque,
es el Bío Bío.

Canta en el paisaje,
yo lo siento mío,
vibra en la pradera,
es el Bío Bío.

El Bío Bío es uno de los ríos más largo y ancho de Chile. Está situado en el sur del país en la región de la Araucanía y es de aguas azules, verdosas y transparentes, en medio de hermosos paisajes y bosques. Su nombre en lengua mapudungún significa «doble cordón».

C DE CHINCHINERO

Con el chin chin del platillo
y el redoble del tambor,
al compás del organillo
baila Juan, el danzador.

Zapato muy bien lustrado
camisa con almidón
sombrero muy bien planchado
calcetín y pantalón.

Medio giro al costado
paso adelante, cruce atrás
baila muy bien de lado
sin perder nunca el compás.

El chinchinero es un bailarín callejero que ejecuta un difícil baile mientras acciona un bombo con dos varillas y unos platillos que suenan gracias al mecanismo de una cuerda que va atada a un zapato.

D DE DOÑIHUE

Es la manta de Doñihue
toda tejida a telar.
Del hilo rojo, un copihue,
del azul, un ancho mar.

Del bermellón, una guinda,
del amarillo, un trigal,
del rosa, una niña linda,
del oro, un pavo real.

Chamantera de Doñihue
que hilas en el telar
un poncho de lana y seda
que le vas a regalar.

En plena zona huasa, las chamanteras de Doñihue
se dedican a telar mantos de lana bordados con hilos
de seda. Los chamantos mezclan la tradición española de
los tapices europeos del siglo XVIII con el tejido a telar
de las hilanderas mapuches. En su elaboración, las
artesanas dedican muchos meses en telar estos
chamantos que son joyas de artesanía.

E DE ESTRIBO

Arriba de su caballo
el huaso y el invitado
lucen estribo de peral
y un poncho muy bien bordado.

Muy bien bordado a la luz
para el viento y para el agua,
el poncho de Santa Cruz
y el estribo de patagua.

El estribo es un zapato de madera tallada que va a los lados del caballo para que el jinete pueda meter el pie e ir bien asegurado durante el galope.

Los artesanos de la zona central son artistas en tallar sus estribos con bellas figuras en maderas nativas como el hualo, el quillay, la patagua o el peumo.

F DE FIESTAS PATRIAS

Fiestas patrias, gran alegría,
casa pintada, pañuelo al viento,
ya son dos siglos, quién lo diría,
son muchos años, ya no los siento.

Hay cielos claros, cueca y ramada,
palmas arriba, muchos festejos:
chicha y sangría, baile y tonada,
las penas pasan, ya están muy lejos.

El 18 de septiembre se celebran en Chile las Fiestas Patrias con banderas y fiestas. Como coincide con el inicio de la primavera, se pintan las casas y en las fondas y ramadas se baila la cueca, el baile nacional con el pañuelo en alto. El 2010, la Primera Junta de Gobierno cumplió 200 años desde su creación, hito que dio inicio a la conmemoración del Bicentenario de nuestro país.

G DE GABRIELA MISTRAL

Con nombre de arcángel
y apellido de viento,
la autora escribía
con sentimiento.

Caricia de madre,
ternura de un niño,
un beso en la frente
con hondo cariño.

Gabriela Mistral (1889-1957), escritora chilena, Premio Nobel de Literatura en 1945. Su nombre real era Lucila Godoy Alcayaga, pero toma el pseudónimo por el arcángel San Gabriel y el viento Mistral que sopla al sur de Francia. Escribió muchos libros de poesía, entre ellos «Ternura» que incluye el poema «Caricia».

H DE HUMITA

Con un lazo en la cintura
y un vestido de maíz,
habla con gran finura
de su pasado y raíz.

Habla de sus ancestros,
de su pueblo americano,
la comió el inca y el azteca
y también el mohicano.

Es dulce y salada,
de pulpa amarilla suave,
en verano con ensalada
o con un ala de ave.

La humita es el alimento típico de Chile en verano.
Se prepara, generalmente en familia, con maíz tierno,
molido o rallado. La pasta se envuelve en las mismas hojas
del choclo que se anudan, formando una humita o pajarita.
Tras hervirlas, se sirven en una fuente. Con distintos
nombres y variantes, se han comido en todo el continente.

I DE ISLA DE PASCUA

En la playa y en el monte
esas figuras de piedra
a espaldas del horizonte
están cubiertas de hiedra.

Son misteriosas y extrañas
con sus perfiles helados,
sin ojos y sin pestañas
y con los labios cerrados.

La Isla de Pascua es una isla polinésica que pertenece a Chile y se encuentra situada en medio del océano Pacífico. Se llama así porque fue descubierta por un capitán holandés un día de Pascua de Resurrección del siglo XVIII. Este nombre ha perdurado hasta el día de hoy, aunque sus habitantes la llaman Rapa Nui. En la isla hay abundancia de moais que son estatuas de piedra de gran altura a espaldas del mar.

J DE JAIBA

Cangrejo del mar
arañita peluda de patas violeta
que trepas con pausa la roca
sin brújula ni veleta.

Me orientan la playa y el sol,
te busco y te encuentro
en la arena y el arrebol
para contarte este cuento…

La jaiba de color rojizo y morado es un cangrejo de patas peludas que se encuentra en las rocas del litoral y muchas veces enterrada en la arena. Su carne deliciosa y ligeramente dulce, se utiliza para preparar el famoso pastel de jaiba en paila de greda que se sirve a lo largo de toda la costa chilena.

K DE KULTRÚN

Timbal de canelo
cortado en invierno
la machi lo toca
con hondo lamento.

Convoca a los astros
en gran Guillatún,
en piel de cordero
retumba el kultrún.

El kultrún es un instrumento de percusión confeccionado de madera de canelo
que es el árbol sagrado del pueblo mapuche. Se percute sobre una piel que tiene
pintados los cuatro puntos cardinales. La machi o sacerdotisa lo toca en fiestas
y ceremonias como el Guillatún que es un rito de rogativa espiritual en tiempo de
siembras y cosechas.

L DE LOICA

Con el pecho colorado
canta la loica en la rama,
es un silbido alocado
que va en el viento y el agua.

Dicen que es sangre,
dicen que es tinta.
De rojo tiene las plumas
como una púrpura cinta.

Va volando en el paisaje,
silva, canta, vuela, trina,
es rojizo su plumaje
bajo la luz cristalina.

La loica es un pajarillo silvestre de los campos de la zona central de Chile que se caracteriza por tener el plumaje gris y una mancha escarlata en el pecho.

M DE MINGA

En los campos del sur de Chile
se acostumbra a trabajar
en tiempos de la cosecha
después de mucho sembrar.

Todos juntos en familia
trillando el grano del trigo.
Es la minga compartida
con el vecino y amigo.

Con cantos y con guitarras
yo te vengo a saludar
en el día de la minga
para ponerme a bailar.

La Minga es una faena campesina compartida entre familiares, vecinos y amigos. Todos juntos colaboran sin esperar retribución, pero al final de la siembra, la cosecha o la trilla, se ofrece una gran fiesta con baile y comida en señal de agradecimiento. La palabra minga es de origen quechua y significa reunir gente para un trabajo en común.

N DE NERUDA

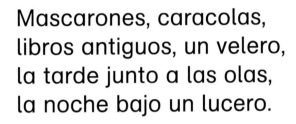

Mascarones, caracolas,
libros antiguos, un velero,
la tarde junto a las olas,
la noche bajo un lucero.

Neruda sueña en la casa,
escribe mirando el mar,
una gaviota que pasa
y en su alma, el verbo amar.

Pablo Neruda es el principal poeta chileno junto con Gabriela Mistral y Vicente Huidobro. Nació en Parral en 1904 y murió en Santiago en 1973 a la edad de 69 años. En 1971 obtuvo el Premio Nobel de Literatura. Sus casas en Santiago, Valparaíso e Isla Negra son muy visitadas por los tesoros que coleccionó, entre ellos: veleros, libros y mascarones de proa. Sus principales libros son *Crepusculario*, *Veinte poemas de amor y una canción desesperada* y *Canto General* entre muchos otros.

Ñ DE ÑUÑOA

Ñuñoa, tierra de **ñuñ**os
que es una flor amarilla,
tiene la letra **ñ**
que es adornada y sencilla.

La de espa**ñ**ol y de Espa**ñ**a.
La de ma**ñ**ana y de ni**ñ**o.
La de sue**ñ**o y la de ca**ñ**a.
La de porte**ñ**o y cari**ñ**o.

La **ñ** del río **Ñ**uble,
de los **ñ**irres del camino.
La **ñ** de madrile**ñ**o,
y también de vi**ñ**amarino.

Ñuñoa es una comuna de la ciudad de Santiago de Chile cuyo nombre en lengua mapudungún significa «tierra de ñuños». Estas eran unas flores silvestres de color amarillo que cubrían el valle antes que fuera habitado.

El río Ñuble es uno de los principales ríos del sur de Chile en la región del Bío Bío. Los ñirres son árboles característicos del paisaje de la Patagonia. Viñamarino es gentilicio de Viña del Mar, ciudad costera vecina a Valparaíso.

O DE ORGANILLO

Organillo de los domingos
bajo el balcón de mi casa,
llega siempre a mediodía
y casi nunca se atrasa.

Los pájaros de cartulina
cantan también su canción.
Y hasta el lorito en su jaula
te lee una predicción.

En un papel muy azul
dice con letra pequeña
que en tu boca tendrás siempre
una sonrisa risueña.

El organillo es un instrumento musical de tubos, portátil, que se hace sonar mediante una manivela. El organillero pasa por las calles alegrando con su música y ofreciendo remolinos de papel multicolor, sombrillas de papel de seda y pájaros pintados. Lo acompaña un lorito que saca la suerte de un cajoncillo donde están ordenados los papelitos de la buena fortuna.

P DE PINCOYA

Sirena de las islas de Chiloé
dueña de la pesca tan esquiva
navegando contigo soñé,
ime dejaste a la deriva!

Con tu peine nacarado
invitas a navegar,
sueñas en tronco dorado
con espuma verde mar.

No me ignores tantas veces,
abre tus brazos a la orilla
para que pueda pescar peces
con redes en mi barquilla.

Esta sirena del sur es un personaje mitológico de las islas de Chiloé. Se la representa sentada sobre un tronco de oro que flota sobre el mar, peinando sus cabellos y mirando hacia la playa. Es una mujer pez cuyos brazos abiertos indican abundancia de peces, pero dando la espalda, significa que la pesca no será buena.

Q DE QUENA

Mis labios besan la quena.
Mi alma sopla la caña,
es alegría y es pena
al interior de mi cabaña.

El viento gime a lo lejos.
La flauta silba, llora la guitarra.
La luna en el catalejo
y la tierra que me amarra.

La quena es una flauta dulce de origen quechua confeccionada con una caña de bambú que se toca preferentemente en el norte de Chile, en carnavales y festividades religiosas del altiplano.

R DE RUCA

En el valle está la ruca
con la puerta cara al sol
a un canelo solitario
y a un radiante girasol.

Es de adobe y es de paja,
de totora y de coligüe.
Ni muy alta ni muy baja
en el borde del Riñihue.

La ruca es la vivienda tradicional del mapuche, sin ventanas y con un agujero en el techo a modo de chimenea para la salida del humo. Es palabra en mapudungún que significa «casa». Su única puerta está orientada siempre al oriente y junto a un canelo. En el centro se instala el fogón que reúne a la familia en torno al alimento y el calor. Están situadas en el sur de Chile, en las inmediaciones del lago Riñihue, en el Bío Bío y en toda la Araucanía.

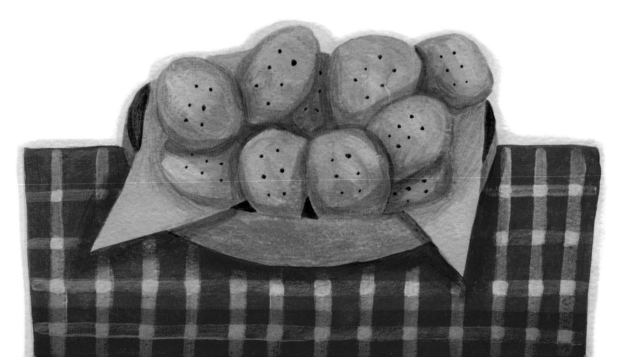

S DE SOPAIPILLA

Una luna de harina de pehuén
se ha escapado por la loma.
«Voy rodando por Traiguén
para que nadie me coma».

En tardes de lluvia rueda,
galopa sobre un caballo,
se pone medias de seda
con harina y con zapallo.

La sopaipilla corredora
rueda y rueda sin parar
—A mis manos llega ahora,
¡me la voy a devorar!

La sopaipilla es una masa redonda y delgada, típica de Chile, elaborada con harina, agua y zapallo. Se come preferentemente en tardes de lluvia, en el interior de las casas, frita en aceite y pasada en almíbar de chancaca.

T DE TRUTRUCA

Ante el canelo sagrado
y en la puerta de la ruca,
el cacique «Viento Helado»
va tocando la trutruca.

Suena a trueno y a tormenta
a llamada y a lamento
a sueño triste y lluvia lenta
a pasión y juramento.

La trutruca es un instrumento de viento de sonido grave, confeccionado de caña de colihue, característico del pueblo mapuche, que se toca en ritos, rogativas, festejos y ceremonias fúnebres.

U DE ULMO

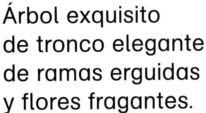

Árbol exquisito
de tronco elegante
de ramas erguidas
y flores fragantes.

Dulce miel de ulmo
de rubias abejas
endulza mi sueño
y salta una oveja.

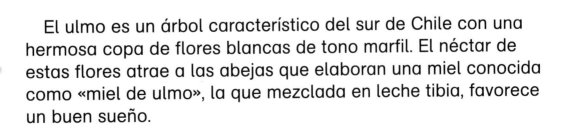

El ulmo es un árbol característico del sur de Chile con una
hermosa copa de flores blancas de tono marfil. El néctar de
estas flores atrae a las abejas que elaboran una miel conocida
como «miel de ulmo», la que mezclada en leche tibia, favorece
un buen sueño.

V DE VOLANTÍN

Por el cielo va volando
mi volantín colorado.
En el aire está silbando
a una nube ha saludado.

Un pájaro a toda prisa
pasa volando a su lado.
Y el viento con su sonrisa
lo lleva al cielo azulado.

Desde la época de la Colonia hasta el día de hoy, los niños chilenos han elevado volantines de papel de seda en los cielos de Chile. Actualmente los artesanos continúan elaborando estos delicados juguetes del viento que se elevan en septiembre, apenas iniciada la primavera.

W DE WARAKA

Corre, corre la waraka.
El que mira para atrás
se le pega en la pelá...

Así jugaban los niños
con el pañuelo anudado.
Una *waraka* es la trenza
que cae de tu peinado.

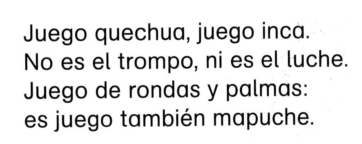

Juego quechua, juego inca.
No es el trompo, ni es el luche.
Juego de rondas y palmas:
es juego también mapuche.

La *Waraka* es un juego de los niños y niñas de los pueblos originarios de Chile. La palabra misma es de origen quechua y significa trenza. Se juega con los niños sentados en círculo mientras una niña canta y gira en torno a ellos simbolizando el giro de la tierra alrededor del sol.

El luche es un juego popular entre niñas que se juega con un tejo el cual se hace avanzar saltando con un pie sobre un dibujo de cuadros numerados trazado en el suelo.

X DE XILÓFONO

Llevando la guaripola
y encabezando el desfile,
va gallardo Luis Alonso
como una estrella de cine.

Con redoble de tambor
y siguiéndolo en el paso,
va Felipe muy erguido:
chaqueta, botón y lazo.

Y montado en su caballo
en su cojín de espuma,
Juan toca el xilófono
con su penacho de pluma.

El pueblo chileno es entusiasta de los desfiles, especialmente el 18 de septiembre, día de Fiestas Patrias, en que todos acuden a aplaudir «la parada» al Parque O'Higgins de Santiago, ocasión en que se lucen las bandas con sus impecables uniformes. La guaripola es el bastón de mando que se usa para dirigir el desfile.

cochayuyo
a
$100

Y DE YUYO

Cabelleras de sirenas
flotan en el mar,
danzan en el agua
¡vamos a jugar!

Cordones dorados
de trenza amarilla,
en acantilados
y en toda la orilla.

Bailan con las olas
«Es mío y es tuyo.
Es también nosotros».
Es el cochayuyo.

El cochayuyo es un alga marina del océano Pacífico. La palabra compuesta es de origen quechua. Cocha es «agua» y yuyo, «hierba», es decir, «hierba del agua», lo que demuestra el carácter poético de la lengua quechua. Esta alga constituye un alimento básico de los pueblos originarios de Chile, principalmente de los changos que pescaban en las costas usando balsas de cuero de lobo marino. Tiene un color caramelo muy intenso y se sigue comiendo hervido, en ensaladas y guisos.

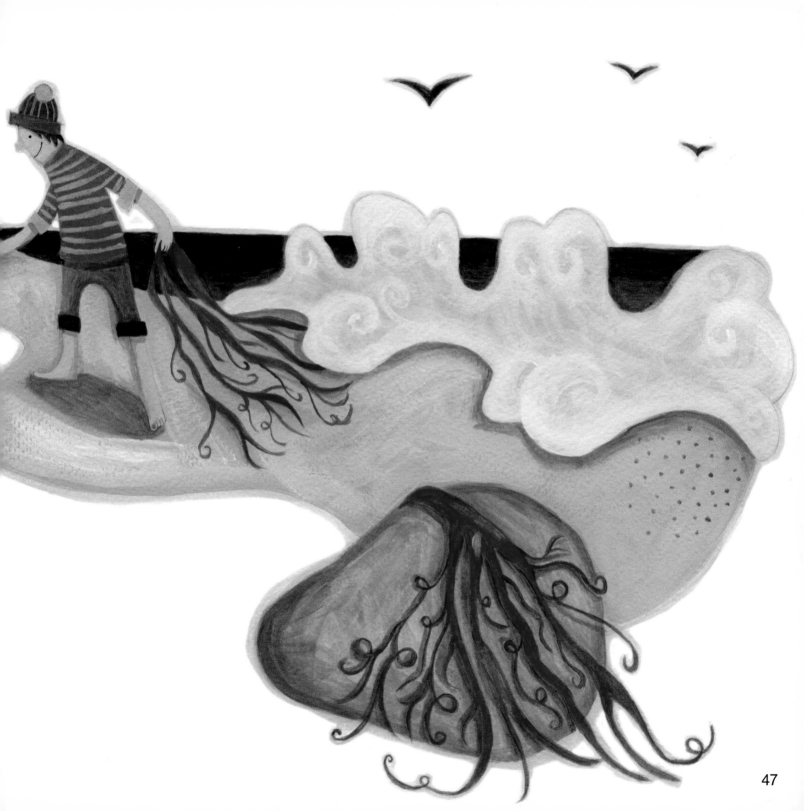

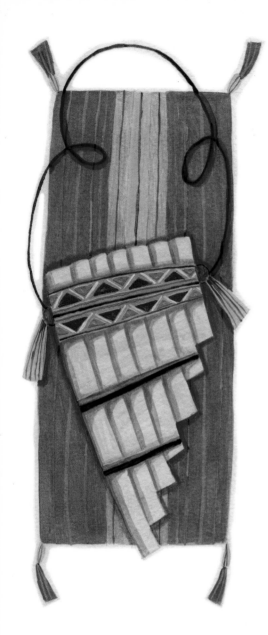

Z DE ZAMPOÑA

Viento que sopla en la caña hueca
en el desierto nortino y en la explanada.
Suena en cachimbo, suena en la cueca,
sueña que baila en carnaval y tonada.

Es lamento del indio, es lágrima derramada,
es un beso, una sonrisa,
una caricia del aire, es música y carcajada,
niño y niña con risa.

Hombre y mujer pensativos.
La zampoña en tus labios suena
y es el mundo en tus labios:
zampoña y quena.

La zampoña es un instrumento musical de viento típico del altiplano que tiene diferentes flautas de caña ordenadas de mayor a menor. Se toca en diferentes manifestaciones religiosas, fiestas y carnavales, principalmente junto a una quena y un charango.